So schmeckt's bei uns daheim

NIKOLA HILD · KATHARINA HILD

So schmeckt's bei uns daheim

36 KÖSTLICHE KLASSIKER DER BADISCHEN UND SCHWÄBISCHEN KÜCHE

SILBERBURG

INHALT

SÜSSES 43

VORWORT

Nach dem Ende des Zweiten Weltkriegs wurde Südwestdeutschland vorübergehend in drei Länder unterteilt: Württemberg-Baden, das im Wesentlichen aus dem nördlichen Zipfel Badens sowie Nordwürttemberg bestand und zur amerikanischen Besatzungszone zählte, das Land Baden, das von Rastatt bis an die Schweizer Grenze und den Bodensee reichte, und Württemberg-Hohenzollern, das ebenso wie Baden von Frankreich besetzt war. Württemberg-Hohenzollern umfasste Südwürttemberg und die ehemaligen Hohenzollerischen Lande, die von 1850 bis 1945 zu Preußen gehört hatten.

Nach einer Volksabstimmung entstand aus den drei Südweststaaten 1952 das heutige Bundesland Baden-Württemberg. Diese Gründung brachte nicht nur den Zusammenschluss dreier Länder mit sich, die über lange Zeit hinweg eine weitgehend eigenständige Entwicklung genommen hatten, sondern bescherte dem neuen Bundesland auch zwei Regionalküchen und damit eine bisher nie da gewesene kulinarische Vielfalt.

Die badische Küche genießt einen ausgezeichneten Ruf, den sie nicht zuletzt ihrer enormen Bandbreite verdankt. Die sonnenverwöhnte Oberrheinebene zählt zu den wärmsten Gegenden Deutschlands und verfügt über ungemein ertragreiche Böden. Ideale Bedingungen also für den Anbau von Wein, Obst, Gemüse und sogar Tabak – und nicht zuletzt den berühmten badischen Spargel.

Die badische Küche profitierte aber nicht nur von den hervorragenden klimatischen und landwirtschaftlichen Bedingungen der fruchtbaren Oberrheinebene, sondern auch von der unmittelbaren Nachbarschaft zur Schweiz und vor allem zu Frankreich, die nicht ohne Einfluss auf die kulinarische Entwicklung Badens blieb. Unter den deutschen Regionalküchen gilt die badische nicht nur als besonders wohlschmeckend und bekömmlich, sondern auch als »leicht« und »französisch«.

Der schwäbischen Küche wird dagegen eher eine gewisse Behäbigkeit und ein Mangel an Raffinesse nachgesagt. Sie ist bodenständiger, einfacher, habhafter und »bäuerlicher« geprägt. Denn im klimatisch weniger begünstigten und nicht gerade wohlhabenden Schwaben diente die Nahrungsaufnahme lange Zeit weniger dem Genuss als vielmehr dem Sattwerden. Es galt, mit den bescheidenen Zutaten, die zur Verfügung standen, den Bauch zu füllen. So entstand im Schwäbischen – fast zwangsläufig, muss man wohl sagen – eine Regionalküche, die aus dem Mangel geboren wurde und den Landesbewohnern den Ruf einbrachte, sparsam, ja fast schon geizig zu sein.

Aus Mehl, Milch und Eiern bereitete man habhafte Sättigungsgerichte und Beilagen wie beispielsweise Pfannkuchen oder Spätzle, aus Lebensmittelresten Eintöpfe und Aufläufe zu. Dazu gab es die allgegenwärtigen Suppen, die den Bauch so schön wärmen und so flüssig sind, wie's der Schwabe liebt.

Tendenziell könnte man sagen: Die Schwaben sind im Verlauf ihrer durch Mangel geprägten Vergangenheit Meister darin geworden, aus wenigen bescheidenen Zutaten schmackhafte Speisen zuzubereiten, während es die Badener stets verstanden, kulinarische Anregungen ihrer Nachbarn aufzugreifen und unter Nutzung der reichen Fülle, die ihnen die Natur bietet, anspruchsvolle Speisen zu kreieren. Wobei es natürlich zu bedenken gilt, dass innerhalb von Baden und Schwaben wiederum jeweils unterschiedliche kulinarische Regionen existieren. Selbstverständlich kam bei den klimatisch weniger begünstigten Schwarzwälder Bauern nicht das Gleiche auf den Teller wie bei den mit reichlich Sonne gesegneten Bewohnern der Rheinebene. Und der Speiseplan der Menschen auf der kargen, wasserarmen Schwäbischen Alb entsprach nicht dem des gehobenen Stuttgarter Bürgertums.

Trotz aller Unterschiede zeigen die beiden Regionalküchen jedoch auch zahlreiche Gemeinsamkeiten. So sind zum Beispiel Forellen, Schupfnudeln und Spätzle bei Schwaben und Badenern gleichermaßen beliebt, wobei Letzteren nachgesagt wird, bei der Zugabe von Eiern wesentlich großzügiger als ihre sparsamen Nachbarn zu sein.

Interessanterweise ist die Tatsache, dass beiden Regionalküchen Schnecken nicht fremd sind, etwas in Vergessenheit geraten. Während man jedoch in Baden Schneckengerichte eher genussvoll adaptierte, war die Schneckenzucht auf der Schwäbischen Alb vor allem ein wichtiger Erwerbszweig und zugleich Exportschlager.

Last but not least wäre noch zu bemerken, dass Spargel, für den Baden heute berühmt ist, 1475 auf deutschem Boden erstmals im württembergischen Urach angebaut wurde.

Schwäbische Küche

GAISBURGER MARSCH

FÜR 4 PERSONEN

SPÄTZLE

500 g Mehl
5–6 Eier
1 TL Salz

FLEISCHBRÜHE

500 g Suppenfleisch
500 g Suppenknochen
5 Gelbe Rüben
1 Stange Lauch
500 g Kartoffeln
Salz, frisch gemahlener schwarzer Pfeffer
geriebene Muskatnuss
1–2 Zwiebeln
Butter
fein geschnittener Schnittlauch

Für die Spätzle Mehl, Eier, Salz und 125 bis 250 Milliliter Wasser in eine Schüssel geben und mit einem Kochlöffel kräftig schlagen, bis der Teig Blasen wirft. Einen Teil des Teiges auf ein nasses Spätzlebrett streichen und mit einem Spätzleschaber oder einem breiten Messer schmale Streifen in kochendes Salzwasser schaben. Alternativ kann man auch eine Spätzlepresse benutzen. Einmal schaumig aufkochen lassen, dann mit einem Schaumlöffel herausnehmen und in einem Sieb kurz mit kaltem Wasser abspülen.

Für die Brühe Fleisch, Knochen und Gemüse in einem großen Topf in etwa zwei Liter Wasser geben und eineinhalb bis zwei Stunden köcheln lassen. Dann wird das Suppenfleisch herausgenommen und in nicht zu große Würfel geschnitten.

Kartoffeln waschen, schälen und in Schnitze schneiden. Anschließend in die Brühe geben und weich garen lassen. Die Brühe mit Salz, Pfeffer und Muskat würzen und das gewürfelte Suppenfleisch sowie die Spätzle hinzugeben.

Zwischenzeitlich werden die Zwiebeln geschält, in Ringe zerklcinert und in Butter angebräunt.

Vor dem Servieren nochmals abschmecken und mit den Zwiebeln und fein geschnittenem Schnittlauch bestreuen.

HOCHZEITSSUPPE

FÜR 4 PERSONEN

BRÜHE

500 g Siedfleisch
3–4 Markknochen
5 Gelbe Rüben
1 kleine Sellerieknolle
¼ Kopf Weißkraut
1 Stange Lauch
Salz, frisch gemahlener schwarzer Pfeffer
geriebene Muskatnuss
Schnittlauch zum Garnieren

GRIESSKLÖSSLE

1 Ei
40 g Butter
60 g Grieß
Salz, geriebene Muskatnuss

MARKKLÖSSLE

80 g Rindermark
50 g Butter (zimmerwarm)
2 Eier
Salz, frisch gemahlener schwarzer Pfeffer
geriebene Muskatnuss
50 g Weckmehl

BRÄTKLÖSSLE

200 g Brät vom Kalb
Salz, frisch gemahlener schwarzer Pfeffer
1 Ei
evtl. etwas Weckmehl

Für die Brühe Fleisch, Gemüse und Knochen in 2 Liter Wasser aufkochen und 3 bis 4 Stunden köcheln lassen. Knochen und Siedfleisch entfernen. Brühe durch ein Sieb abgießen. Mit Salz, Pfeffer und Muskat abschmecken.

Für die Grießklößle das Ei verquirlen und die Butter schaumig rühren. Dann beides mit Grieß, Salz und Muskat gut vermengen und eine Stunde ruhen lassen. Mit einem kleinen Löffel Klößle aus der Masse formen und 10 Minuten in der Fleischbrühe ziehen lassen.

Markklößle: Man wärmt das Mark auf, bis es flüssig ist, und lässt es dann etwas abkühlen, ehe es zuerst mit der Butter, dann mit den Eiern, Gewürzen und dem Weckmehl so lange verrührt wird, bis eine feste Masse entstanden ist. Daraus mit den Händen Klößchen formen und in der leicht siedenden Brühe etwa 10 Minuten ziehen lassen.

Brätklößle: Kalbsbrät, Gewürze und Ei vermischen. Bei Bedarf etwas Weckmehl beifügen. Mit einem kleinen Löffel sticht man die Brätklößle ab und lässt sie in der heißen Brühe ziehen.

Mit frisch geschnittenem Schnittlauch servieren.

FLÄDLESUPPE

FÜR 4 PERSONEN

FLÄDLE

200 g Mehl
¼ l Milch
3 Eier
1 TL Salz
Butter oder Butterschmalz

FLEISCHBRÜHE

5 Gelbe Rüben
1 Stange Lauch
1 kleine Sellerieknolle
¼ Kopf Weißkraut
500 g Siedfleisch
3–4 Markknochen
Salz, frisch gemahlener schwarzer Pfeffer
geriebene Muskatnuss
Schnittlauch zum Garnieren

Zubereitung der Flädle: Zunächst gibt man das Mehl und die Milch in eine Schüssel und verrührt das Ganze zu einem glatten, flüssigen Teig. Dann werden die Eier und das Salz zugegeben und der Teig nochmals gut verrührt.

Anschließend lässt man die Butter oder das Butterschmalz in einer sehr heißen Pfanne zergehen, gibt den Teig portionsweise in die Pfanne und backt daraus hauchdünne Flädle. Den Vorgang wiederholt man so lange, bis der Teig aufgebraucht ist. Anschließend werden die fertigen Flädle aufgerollt und fein geschnitten.

Für die Brühe werden die Gelben Rüben, Lauch, Sellerie und Weißkraut gewaschen, geputzt und etwas zerkleinert. Anschließend gibt man das Gemüse mit dem Siedfleisch und den Markknochen in einen großen Topf, lässt das Ganze in etwa 2 Liter Wasser aufkochen und dann 3 bis 4 Stunden vor sich hin köcheln. Danach entfernt man die Markknochen und das Siedfleisch und gießt die Brühe durch ein Sieb in einen anderen Topf.

Alternativ kann man auch eine Gemüsebrühe aus Petersilie, Kraut, Sellerie und Karotten zubereiten.

Die Brühe mit Salz, Pfeffer und Muskat abschmecken. Dann die Flädle in die heiße Fleischbrühe geben und mit frischem Schnittlauch bestreut servieren.

ALLGÄUER KÄSESUPPE

FÜR 4 PERSONEN

FLEISCHBRÜHE

500 g Siedfleisch
5 Gelbe Rüben
1 kleine Sellerieknolle
¼ Kopf Weißkraut
1 Stange Lauch
3–4 Markknochen
Salz, frisch gemahlener schwarzer Pfeffer
geriebene Muskatnuss

KÄSESUPPE

200 g Emmentaler Käse
1 Eigelb
etwas Milch oder süße Sahne
50 g Butter
50 g Mehl
Salz, frisch gemahlener schwarzer Pfeffer
1 Prise Zucker

KRÄUTERCROUTONS

frisch geschnittener Schnittlauch und Petersilie
2 Scheiben Weißbrot
20 g Butter

Für die Fleischbrühe das Siedfleisch, das Gemüse und die Markknochen in 2 Liter Wasser aufkochen und anschließend 3 bis 4 Stunden vor sich hin köcheln lassen.

Knochen und Siedfleisch entfernen. Brühe durch ein Sieb in einen anderen Topf gießen und mit Salz, Pfeffer und Muskat abschmecken.

Zubereitung der Käsesuppe: Den Käse reiben. Dann wird das Eigelb mit etwas Milch oder Sahne verquirlt. Die Butter wird zerlassen, das Mehl darin eingerührt und mit der Fleischbrühe aufgegossen. Alles aufkochen lassen, dann den Käse nach und nach zugeben und so lange rühren, bis er zerschmolzen ist. Nun wird die Suppe vom Herd genommen und mit dem verquirlten Eigelb legiert. Mit Salz, Pfeffer und Zucker abschmecken. Nicht mehr aufkochen lassen.

Für die Kräutercroutons Schnittlauch und Petersilie gründlich waschen und klein schneiden. Dann das Weißbrot würfeln und zusammen mit den Kräutern in Butter goldgelb anbraten. Vor dem Servieren auf die Suppe geben und nach Belieben mit fein geschnittenem Schnittlauch bestreuen.

RIEBELESUPPE

FÜR 4 PERSONEN

ZUTATEN

250 g Weizenmehl (Type 405)
Salz
geriebene Muskatnuss
2–3 Eier
1 ½ l Fleisch- oder Gemüsebrühe
fein gehackter Schnittlauch, Petersilie oder andere frische Kräuter

Aus Mehl, Salz, Muskatabrieb und den Eiern einen festen Teig kneten. Diesen etwas ruhen lassen, dann mit den Händen flachdrücken und mit einem großen Messer in kleine, erbsengroße Stückchen hacken oder auf einer großen Küchenreibe zu kleinen Teigstückchen, den Riebele, verarbeiten. Dabei nur in eine Richtung reiben.

Die Brühe erhitzen, die Riebele einstreuen und etwa 10 Minuten ziehen lassen. Vor dem Verzehr je nach Belieben mit frisch gehackten Kräutern bestreuen.

ALBLINSEN UND SPÄTZLE

FÜR 4 PERSONEN

LINSEN

400 g Alblinsen
1 kleine Zwiebel
200 g Bauchspeck
40 g Mehl
40 g Schmalz
Salz, frisch gemahlener schwarzer Pfeffer

SPÄTZLE

500 g Mehl
5–6 Eier
1 TL Salz

ZUM SERVIEREN

4 Saitenwürstle

Für die Zubereitung der Linsen diese schon am Vortag waschen und über Nacht einweichen. Am nächsten Tag wird zunächst die Zwiebel geschält, fein geschnitten, in heißem Fett angeschwitzt und mit dem Bauchspeck in heißem Wasser weich gekocht. Währenddessen werden die Linsen in einem separaten Topf ebenfalls weich gekocht.

In der Zwischenzeit fertigt man eine Mehlschwitze zum Andicken an. Dazu röstet man das Mehl in Schmalz dunkelbraun, löscht es mit etwas Linsenkochwasser ab und gibt es umgehend zu den Linsen, anschließend auch Bauchspeck und Zwiebeln. Mit Salz und Pfeffer abschmecken.

Für die Spätzle Mehl, Eier, Salz und 125 bis 250 Milliliter Wasser in eine Schüssel geben und mit einem Kochlöffel kräftig schlagen, bis der Teig Blasen wirft. Einen Teil des Teiges auf ein nasses Spätzlebrett streichen und mit einem Spätzleschaber oder einem breiten Messer schmale Streifen in kochendes Salzwasser schaben. Alternativ kann man auch eine Spätzlepresse benutzen. Einmal schaumig aufkochen lassen, dann mit einem Schaumlöffel herausnehmen und in einem Sieb kurz mit kaltem Wasser abspülen. Im Backofen warm stellen.

Zum Schluss die Saitenwürstle in einem Topf mit heißem Wasser erwärmen und das Ganze mit den Spätzle servieren.

SCHWÄBISCHER KARTOFFELSALAT MIT FLEISCHKÜCHLE

FÜR 4 PERSONEN

KARTOFFELSALAT

1 kg Kartoffeln
2 mittelgroße Zwiebeln
½ Liter kräftig gewürzte Fleisch- oder Hühnerbrühe
1–2 EL Apfelessig
1–2 EL Sonnenblumenöl
Salz, frisch gemahlener schwarzer Pfeffer
mittelscharfer Senf

FLEISCHKÜCHLE

2 alte Weckle
2 mittelgroße Zwiebeln
1 Bund Petersilie
2 Eier
600 g gemischtes Hackfleisch
Salz, frisch gemahlener schwarzer Pfeffer
edelsüßes Paprikapulver

Für den Salat die Kartoffeln weich kochen, schälen, in dünne Rädle schneiden und mit den fein gehackten Zwiebeln in eine große Schüssel geben.

Gut die Hälfte der warmen Brühe darübergießen, mischen und rund zehn Minuten ziehen lassen. Nun ist Fingerspitzengefühl gefragt: Der Salat soll zwar schön feucht sein, aber die Kartoffelrädle sollten nicht in der Brühe ersäuft werden. Daher gießt man so oft von der warmen Brühe nach, bis man die gewünschte »Schmatzigkeit« erreicht hat.

Anschließend Essig und Salatöl zugeben, mit Salz, Pfeffer und etwas Senf abschmecken.

Für die Fleischküchle zunächst die Weckle in Wasser einweichen, gut ausdrücken, zerkleinern und in eine Schüssel geben. Zwiebeln und Petersilie fein schneiden, mit den Eiern und dem Hackfleisch zu den zerkleinerten Weckle in die Schüssel geben. Kräftig durchkneten. Dabei nach und nach mit Salz, Pfeffer und Paprika würzen.

Aus dem Fleischteig ovale Fleischküchle formen, die in der Pfanne in heißem Öl knusprig gebraten werden. Bis zum Servieren bei rund hundert Grad im Backofen warm halten.

Zusammen mit dem noch warmen Kartoffelsalat servieren. Dazu passt Rote-Rüben-Salat.

SAURE KUTTELN MIT BRATKARTOFFELN

FÜR 4–6 PERSONEN

KUTTELN

800 g vorgegarte Kutteln vom Metzger
1 l Fleischbrühe
1 große Zwiebel
2 EL Mehl
2 EL Butterschmalz
Wacholderbeeren
2 Lorbeerblätter
1 Prise Zucker
125 ml Weißwein
3–4 EL Weinessig
frisch gemahlener schwarzer Pfeffer, Salz

BRATKARTOFFELN

4 Pellkartoffeln vom Vortag
1 mittelgroße Zwiebel
2–3 EL Butterschmalz
Salz

Zunächst werden die Kutteln in Streifen geschnitten und die vorbereitete Fleischbrühe aufgewärmt. Dann wird die Zwiebel geschält, in kleine Würfel geschnitten und mit dem Butterschmalz glasig angeschwitzt. Anschließend das Mehl hinzugeben, etwas anbräunen lassen und mit der warmen Fleischbrühe nach und nach unter Rühren ablöschen. Die Kutteln, die Wacholderbeeren, die Lorbeerblätter, den Zucker und den Wein zugeben und etwa 20 Minuten leicht köcheln lassen, bis die Kutteln weich, aber noch bissfest sind. Dann gibt man den Weinessig hinzu und schmeckt mit Pfeffer und Salz ab.

Für die Bratkartoffeln schält man die Kartoffeln vom Vortag und schneidet sie in nicht zu feine Scheiben. Dann die Zwiebel schälen, in kleine Würfel schneiden und mit dem Butterschmalz glasig anschwitzen. Anschließend die Kartoffelscheiben hinzugeben und kräftig anbräunen, bis sie schön goldbraun sind. Zwischendurch mit Salz abschmecken.

Mit den Kutteln auf vorgewärmten Tellern anrichten und heiß servieren.

ZWIEBELROSTBRATEN MIT SPÄTZLE

FÜR 4 PERSONEN

SPÄTZLE

250 g Mehl
2 Eier
Salz
etwas Wasser oder Milch

ZWIEBELROSTBRATEN

2 große Zwiebeln
Öl
4 Scheiben Rostbraten oder Rumpsteak (z. B. vom Boeuf de Hohenlohe)
Fett zum Anbraten
etwas brauner Kalbsfond oder Brühe
1 Schuss Rotwein
2–3 EL süße Sahne oder 1–2 TL Speisestärke
frisch gemahlener schwarzer Pfeffer, Salz

Für die Spätzle aus allen Zutaten einen festen, glatten Teig zubereiten, den man so lange schlägt, bis er Blasen wirft. Auf das nasse Spätzlebrett einen Teil des Teiges streichen und mit einem breiten Messer schmale Streifen in kochendes Salzwasser schaben. Einmal schaumig aufkochen lassen, dann mit einem Drahtlöffel herausnehmen, in einem Sieb kurz mit kaltem Wasser abspülen und warm stellen. Restlichen Teig analog verarbeiten.

Für den Zwiebelrostbraten die Zwiebeln schälen und in Ringe schneiden. In einer Pfanne im Öl gut anbräunen. Aus der Pfanne nehmen, abtropfen lassen und im Backofen warm stellen.

Das Fleisch mit etwas Öl marinieren und etwa 20 Minuten ruhen lassen, dann in einer Pfanne mit heißem Fett kurz scharf anbraten, danach im vorgeheizten Ofen fertig garen. Für die Sauce den Kalbsfond (oder die Brühe) zum Fleischsaft in die Pfanne geben, Rotwein hinzugeben und kurz aufkochen. Etwas Sahne oder etwas (in Wasser gelöste) Speisestärke einrühren und nochmals kurz aufkochen lassen. Mit Pfeffer und Salz abschmecken.

Das Fleisch vor dem Servieren mit Salz und Pfeffer würzen und die Zwiebeln hinzugeben.

SCHLACHTPLATTE MIT FILDERKRAUT

FÜR 4 PERSONEN

ZUTATEN

1 große Zwiebel
Schweineschmalz
1 kg Sauerkraut (Filderkraut)
¼ l Fleischbrühe
1 rohe geschälte und geriebene Kartoffel
1 geschälter und geriebener Apfel
6–8 Wacholderbeeren
2 Lorbeerblätter
4 Scheiben Schweinebauch, z. B. vom Schwäbisch-Hällischen Landschwein
4 Leberwürstchen
4 Blutwürstchen

Zunächst wird die Zwiebel geschält und fein geschnitten. Dann zerlässt man das Schweineschmalz in einem großen Topf und dünstet darin die Zwiebel, bis sie glasig ist. Anschließend wird das Sauerkraut mit einer Gabel etwas auseinandergezupft, in den Topf gegeben und mit der Brühe so weit aufgefüllt, dass es bedeckt ist.

Dann werden die geriebene Kartoffel und der geriebene Apfel, die Wacholderbeeren und die Lorbeerblätter beigefügt und man lässt das Ganze auf niedriger Flamme etwa eine Dreiviertelstunde köcheln.

Bei Bedarf wird nochmals ein klein wenig Brühe aufgefüllt. Dann die Schweinebauchscheiben zugeben und weitere 45 Minuten garen lassen.

Danach die Leber- und die Blutwürstchen vorsichtig im Kraut erhitzen. Der Vorgang sollte nur kurze Zeit dauern und bei niedriger Temperatur ausgeführt werden, damit die Würstchen nicht platzen.

Zuletzt wird das Kraut mit dem Schweinebauch und den Würstchen auf einer Platte angerichtet.

Dazu reicht man frisches Bauernbrot oder Spätzle. Es passen aber auch Kartoffelbrei oder Bratkartoffeln.

MAULTASCHEN IN DER BRÜHE

FÜR 4–6 PERSONEN

FLEISCHBRÜHE

5 Gelbe Rüben
1 kleine Sellerieknolle
¼ Kopf Weißkraut
1 Stange Lauch
500 g Siedfleisch
3–4 Markknochen
Salz, frisch gemahlener schwarzer Pfeffer
geriebene Muskatnuss

MAULTASCHENTEIG

250 g Mehl
2 Eier
Öl

MAULTASCHENFÜLLUNG

2 Eier
250 g gemischtes Hackfleisch
200 g Kalbsbrät
1 Bund Petersilie
Salz, frisch gemahlener schwarzer Pfeffer
geriebene Muskatnuss

Für die Fleischbrühe das Gemüse mit dem Siedfleisch und den Markknochen in einem großen Topf aufkochen, dann 3 bis 4 Stunden köcheln lassen. Danach die Markknochen und das Siedfleisch entfernen und die Brühe durch ein Sieb abgießen. Mit Salz, Pfeffer und Muskat abschmecken.

Zur Zubereitung der Maultaschen aus Mehl, Eiern und Öl einen festen Teig kneten, den man, wenn er die richtige Konsistenz – nicht zu trocken und nicht zu klebrig – erreicht hat, in Frischhaltefolie 20 bis 30 Minuten im Kühlschrank ruhen lässt.

Für die Füllung vermischt man die Eier, nachdem man sie gut verquirlt hat, mit Hackfleisch und Brät. Petersilie fein schneiden, zu der Fleischmasse geben. Mit Salz, Pfeffer und Muskat würzen und gut vermischen.

Nudelteig auf einer ganz leicht bemehlten Arbeitsplatte mit einem Nudelholz dünn auswellen und in längliche Streifen schneiden. Füllmasse in kleinen Häufchen auf die untere Hälfte der Teigstreifen setzen, die obere Hälfte darüberklappen und an den Rändern festdrücken.

Rund zehn Minuten in der Brühe köcheln lassen.

SCHWÄBISCHER ZWIEBELKUCHEN

FÜR EINE BACKFORM MIT 30 CM DURCHMESSER

TEIG

10 g frische Hefe
1 Prise Zucker
125 ml Milch
250 g Weizenmehl (Type 405)
50 g weiche Butter
½ TL Salz
Butter zum Einfetten der Form

BELAG

750 g große Zwiebeln
60 g Butter
60 g geräucherte Speckwürfel
50 g Mehl
3 Eier
250 g Sauerrahm oder Schmand
Salz
1–2 TL Kümmelsamen

Für den Teig die Hefe zerbröseln und mit 1 Prise Zucker in 5 EL lauwarmer Milch auflösen. Mit dem Mehl, der restlichen Milch, der Butter und dem Salz zu einem glatten Teig kneten. Diesen deckt man zu und lässt ihn an einem warmen Ort etwa 30 Minuten gehen, bis er die doppelte Höhe erreicht hat.

Anschließend den Teig auf einer bemehlten Arbeitsplatte ausrollen. Die Backform mit Butter ausstreichen. Den Teig in die Form einlegen und einen Rand formen.

Für den Belag die Zwiebeln schälen und würfeln und anschließend in einem Topf mit Butter und zwei Drittel der Speckwürfel glasig anschwitzen. Dann zuerst das Mehl und erst anschließend die Eier und den Sauerrahm oder Schmand untermischen. Zuletzt Salz und zwei Drittel des Kümmels einarbeiten.

Die Masse auf dem Teig verteilen, mit Butterflöckchen, den restlichen Speckwürfeln und Kümmel bestreuen und bei 210 °C (Ober-/Unterhitze) im vorgeheizten Backofen etwa eine Stunde backen.

STUTTGARTER LEBERKÄS

FÜR 4 PERSONEN

LEBERKÄSE

300 g Rindfleisch von der Schulter
300 g Schweinefleisch von der Schulter
300 g Schweinebauch
200 g Schweineleber
200 g zerstoßenes Eis
1 kleine Zwiebel
20 g Pökelsalz
1 Prise gemahlene Kardamomsamen
1 TL geriebene Zitronenschale
1 TL Piment
1 Prise gemahlene Muskatblüte
1 Messerspitze getrockneter Majoran
1 TL frisch gemahlener schwarzer Pfeffer
bei Bedarf 1 Ei
150 g Senf
150 g Sahnemeerrettich

KARTOFFELSALAT

1 kg Salatkartoffeln
1 Zwiebel
1 TL Salz
1 Prise frisch gemahlener schwarzer Pfeffer
2 EL Kräuteressig
1 Tasse heiße Fleisch- oder Gemüsebrühe
4 EL Sonnenblumenöl

Für den Leberkäse die Fleischstücke klein schneiden und im Gefrierfach anfrieren lassen. In einer Küchenmaschine mit dem Messereinsatz zerkleinern, bis eine feine Masse entsteht. Die Masse sollte nicht wärmer als 12 Grad werden, daher immer wieder etwas Eis hinzugeben.

Die Zwiebel schälen und in feine Würfel schneiden. Zusammen mit den restlichen Zutaten zur Masse geben und unter weiterer Zugabe von Eis die Zutaten gut untermischen. Im Bedarfsfall ein Ei zur besseren Bindung hinzugeben. Die Masse in eine eingeölte Form geben und bei 150 °C (Ober-/Unterhitze) rund 90 Minuten im vorgeheizten Ofen backen.

Senf und Sahnemeerrettich miteinander vermischen und etwa 20 Minuten vor Ende der Backzeit auf der Oberfläche des Leberkäses verteilen und diesen dann fertig backen.

Für den Kartoffelsalat die gekochten, noch handwarmen Kartoffeln schälen und in Scheiben schneiden. Die Zwiebel schälen, fein hacken und zusammen mit Salz und Pfeffer über die Kartoffeln geben. Den Essig mit der heißen Brühe mischen, über die Kartoffeln gießen und vorsichtig vermengen. Zuletzt das Öl zugeben und unterrühren.

Noch warm zusammen mit dem Leberkäse servieren.

NONNENFÜRZLE

FÜR 4–6 PERSONEN

ZUTATEN

1 l Milch
abgeriebene Schale von 1 Zitrone
70–80 g Butter
1 Prise Salz
40–50 g Zucker
250 g Mehl
4 Eier
1 TL Backpulver
Backfett oder Pflanzenöl zum Ausbacken
Puderzucker zum Bestreuen

Milch, abgeriebene Zitronenschale, Butter, Salz und Zucker in einen Topf geben und aufkochen lassen. Anschließend das Mehl hinzufügen und so lange kräftig rühren, bis sich die Teigmasse vom Topf löst. Dann gibt man sie in einen anderen Topf und lässt sie etwas abkühlen.

Anschließend werden die Eier verquirlt und zusammen mit dem Backpulver mit dem Teig vermengt. Nachdem man diesen gut verrührt hat, sticht man mit einem Teelöffel Teigstückchen ab und lässt sie in etwa 180 °C heißem Fett schwimmend backen, bis sie schön goldgelb sind. Dann werden die Nonnenfürzle kurz auf ein Stück Küchenrolle gelegt, um das Fett aufzusaugen, und anschließend mit Puderzucker bestreut.

Süße Leckermäuler und alle, die es gerne etwas habhafter mögen, servieren zu den Nonnenfürzle Chaudeau-Sauce, Apfelbrei, Eis, Sahne und/oder Früchte bzw. Fruchtsauce.

PFITZAUF MIT KOMPOTT

FÜR 12 STÜCK

ZUTATEN

250 g Mehl
½ l Milch
4 Eier
1 Prise Salz
nach Belieben etwas Zucker
2 EL zerlassene Butter
Butter für die Förmchen
nach Belieben 2 EL Puderzucker zum Bestreuen

ZUM SERVIEREN

eingemachte Kirschen, Pfirsiche, Pflaumen, Aprikosen oder
frisches Obst je nach Jahreszeit

Zunächst wird der Backofen auf 200 °C (Ober-/Unterhitze) vorgeheizt.

Dann rührt man aus Mehl, Milch, Eiern, einer Prise Salz und nach Belieben etwas Zucker einen glatten Teig. Alle Zutaten sollten Zimmertemperatur haben. Zuletzt mischt man die flüssige Butter unter.

Nun werden die Pfitzaufformen mit Butter eingefettet und der flüssige Teig mit einer Schöpfkelle in die gefetteten Pfitzaufformen gegeben. Statt der Formen kann man auch Tassen verwenden. Dabei sollte man die Form nur jeweils zur Hälfte füllen, da der Teig im Backofen um das Doppelte aufgeht.

Anschließend werden die gefüllten Pfitzaufformen in die Mitte des vorgeheizten Backofens eingeschoben. Etwa eine Dreiviertelstunde backen, bis der Teig auf das Doppelte aufsteigt und das Gebäck eine schöne goldbraune Farbe bekommt. Die Backofentür während des ganzen Backvorgangs nicht öffnen, da der Teig sonst zusammenfällt.

Die Formen aus dem Ofen holen, kurz auskühlen lassen und die Pfitzauf vorsichtig aus den Formen lösen.

Die fertigen Pfitzauf werden warm und nach Belieben mit Puderzucker bestreut serviert. Dazu reicht man entweder eingemachtes oder frisches Obst der jeweiligen Saison.

GEFÜLLTE PFANNKUCHEN

FÜR 4–6 PERSONEN

ZUTATEN

250 g Mehl
2 Eier
375 ml Milch
1 Prise Salz
Butterschmalz zum Ausbacken
Erdbeer-, Johannisbeer-, Aprikosen- oder Zwetschgengsälz
nach Belieben Puderzucker oder Zimt und Zucker zum Bestreuen
frische Früchte je nach Saison

Alle Zutaten für den Teig sollten unbedingt Zimmertemperatur haben.

Zunächst wird das Mehl mit den Eiern und der Hälfte der Milch sowie dem Salz zu einem dicken, glatten Teig verrührt. Anschließend fügt man die restliche Milch hinzu, um damit den Teig zu verdünnen.

In einer Stielpfanne das Butterschmalz erhitzen und mit einer Schöpfkelle etwas Teig in die Pfanne geben und gleichmäßig verteilen. Den Pfannkuchen zuerst auf der einen, dann unter Zugabe von etwas Butterschmalz auf der anderen Seite goldgelb anbraten. Die fertigen Pfannkuchen im Ofen oder auf einer erwärmten Platte bis zum Verzehr warm halten. Den Vorgang so lange wiederholen, bis der ganze Teig verarbeitet ist.

Dann die warmen Pfannkuchen mit Gsälz (Marmelade) bestreichen, aufrollen und heiß auftragen. Je nach Geschmack werden die Pfannkuchen mit Puderzucker oder Zimt und Zucker bestreut. Dazu serviert man frische Früchte der Saison.

CHAUDEAU-SAUCE MIT OSTERLAMM

FÜR EINE FORM MIT 0,8 L FASSUNGSVERMÖGEN

OSTERLAMM

100 g Butter oder Margarine
100 g Zucker
1 Päckchen Vanillezucker
1 Prise Salz
2 Eier
1 EL Rum
60 g gemahlene Nüsse
60 g Mehl
60 g Speisestärke
1 ½ TL Backpulver
Puderzucker zum Bestäuben

CHAUDEAU-SAUCE

2 Eigelb
1 Ei
160 g Zucker
½ EL Speisestärke
½ l Weißwein

Zubereitung des Osterlamms: Backofen vorheizen; den Elektroherd (Ober-/Unterhitze) auf 180 °C, den Gasherd auf Stufe 2–3, Umluft auf 160 °C. Zunächst werden die Zutaten der Reihe nach zu einem Rührteig verarbeitet. Dann fettet man die Form ein und bestäubt sie mit dem Mehl. Sodann wird der Teig in die Form gefüllt und anschließend im unteren Bereich des vorgeheizten Backofens gebacken. Die Backzeit beträgt etwa 40 Minuten. Nach dem Backvorgang löst man das Osterlamm vorsichtig aus der Form und bestäubt es mit Puderzucker. Alternativ kann man es auch mit einer Glasur überziehen.

Für die Chaudeau-Sauce die Eier mit dem Zucker in einer Schüssel schaumig rühren, in diese Masse gibt man die mit etwas Wein angerührte Speisestärke. Währenddessen wird der restliche Wein in einem Topf angewärmt. Dann rührt man die Zucker-Ei-Masse in den erwärmten Wein und lässt ihn unter ständigem Rühren einmal aufkochen. Auf keinen Fall länger kochen lassen, denn längeres Kochen würde zum Gerinnen führen.

Das Lamm auf der Chaudeau-Sauce anrichten. Dazu serviert man frische Früchte oder Beerenkompott.

DAMPFNUDELN MIT VANILLESAUCE

FÜR 4–6 PERSONEN

VANILLESAUCE

500 ml Milch
1 Ei
2 EL Zucker
Mark von 1 Vanilleschote
1 EL Mondamin

DAMPFNUDELN

20 g Hefe
¼ l Milch
80 g Zucker
500 g Weizenmehl (Type 405)
100 g flüssige Butter
1 Prise Salz
nach Belieben etwas Zitronenabrieb

AUSSERDEM

Für die Gesamtmenge benötigt man
2 niedrige Brattöpfe mit 22 cm Durchmesser, pro Topf jeweils:
150 ml Wasser oder Milch
1 nussgroßes Stück Butter
1 TL Zucker

ZUM SERVIEREN

2 EL Dampfmohn

Für die Vanillesauce in einem Topf die Zutaten mit der kalten Milch glattrühren. Unter ständigem Rühren bis zum Kochen erwärmen. Sofort beiseite stellen und abkühlen lassen, dabei von Zeit zu Zeit umrühren, damit sich keine Haut bildet.

Für die Dampfnudeln die Hefe mit der lauwarmen Milch und dem Zucker glattrühren. Zusammen mit den restlichen Zutaten zu einem glatten Teig verarbeiten, bis er Blasen wirft und sich leicht von der Schüssel löst. Die Schüssel abdecken und den Teig an einem warmen Ort gehen lassen, bis die doppelte Höhe erreicht ist. Dann 12 bis 16 Nudeln formen und auf einem bemehlten Backblech nochmals kurz gehen lassen.

In einem niedrigen Brattopf Wasser oder Milch mit einem nussgroßen Stück Butter und dem Zucker zum Kochen bringen. Die aufgegangenen Nudeln dicht an dicht in den Topf setzen. Mit einem gut schließenden Deckel abdecken und etwa 20 Minuten köcheln lassen, ohne den Deckel abzunehmen.

Die Dampfnudeln sind fertig, wenn die Flüssigkeit eingekocht ist und der Duft der sich bildenden Kruste nach außen dringt. Solange man noch das Geräusch der kochenden Flüssigkeit hört, darf der Deckel keinesfalls abgenommen werden.

Fertige Dampfnudeln mit Mohn bestreuen und zusammen mit der Vanillesauce servieren.

Badische Küche

SCHNECKENSUPPE

FÜR 4 PERSONEN

ZUTATEN

32 Weinbergschnecken
2 EL Butter
3 EL Mehl
375 ml Fleischbrühe
375 ml trockener Weißwein
geriebene Muskatnuss
1 TL Zitronensaft
2 EL saure Sahne
1 Eigelb

Zunächst werden die Schnecken gesäubert. (Sofern man Schnecken aus der Dose gewählt hat, gut abtropfen lassen.) Dann stellt man die vorbereiteten Schnecken beiseite.

Anschließend die Butter in einem Suppentopf zerlassen, das Mehl hinzugeben und unter Rühren bei schwacher bis mittlerer Hitze hellgelb anrösten. Nun wird die warme Fleischbrühe unter stetigem Rühren nach und nach hinzugegeben. Das Ganze muss so lange gerührt werden, bis eine glatte Sauce entsteht. Diese lässt man dann einmal kurz aufkochen. Im Anschluss gibt man den Weißwein hinzu. Dann wird die Suppe mit Muskat, Zitronensaft und Salz abgeschmeckt.

Die Saure Sahne mit dem Eigelb verrühren und drei bis vier Esslöffel von der Suppe in das Eigelb-Sahne-Gemisch geben. Nun wird das Eigelb-Sahne-Gemisch unter ständigem Rühren in den Topf gegossen. Keinesfalls aufkochen lassen, da sonst das Ei gerinnt. Anschließend die Suppe mit einem Schneebesen etwas schaumig schlagen.

Zuletzt werden die Schnecken in dünne Scheiben geschnitten, in die Suppe gegeben und darin erwärmt, wobei man sie nicht nochmals aufkochen sollte.

Vor dem Verzehr eventuell mit fein geschnittenem Schnittlauch bestreuen und je nach Belieben mit geröstetem Weißbrot oder Kräuter-Croutons servieren.

BADISCHE ZWIEBELSUPPE

FÜR 4 PERSONEN

ZUTATEN

500 g Zwiebeln
60 g Butter
15 g Mehl
1 l heiße Fleisch- oder Gemüsebrühe
Salz, frisch gemahlener schwarzer Pfeffer
2 Eigelb
¼ l badischer Weißwein
4 EL Sauerrahm
3 Scheiben Toastbrot
frische gehackte Petersilie
dünn geschnittener Schnittlauch

Zunächst werden die Zwiebeln geschält und in dünne Ringe geschnitten. Dann erhitzt man 50 g Butter in einem Topf und lässt die Zwiebelringe etwa 3 bis 4 Minuten braten, bis sie glasig sind. Anschließend Mehl darüberstreuen und das Ganze unter Rühren eine Minute durchschwitzen.

Währenddessen wird die Fleisch- oder Gemüsebrühe erhitzt. Dann die warme Brühe nach und nach unter Rühren den Zwiebeln beigegeben. Rühren, bis sich alle Klümpchen aufgelöst haben, dann einmal kurz aufkochen und mit Salz und Pfeffer würzen.

Nun wird das Eigelb mit dem Weißwein und dem Rahm verquirlt, danach mit Salz und Pfeffer abgeschmeckt.

Im Anschluss nimmt man die Zwiebelsuppe vom Herd und rührt die Ei-Weißwein-Rahm-Mischung hinein. Die Suppe etwa 2 Minuten zugedeckt ziehen lassen und keinesfalls mehr kochen!

Zwischenzeitlich wird das Toastbrot in rund 1 cm große Würfel geschnitten und die Toastbrotwürfelchen in 10 g Butter rund 5 Minuten goldgelb geröstet. Alternativ kann man das Weißbrot auch in Streifen schneiden und mit geriebenem Käse kurz im Ofen überbacken.

Die Suppe in einer vorgewärmten Terrine anrichten. Brotwürfel und Kräuter darüber geben und sofort servieren.

BADISCHE WEINSUPPE MIT KRACHERLE

FÜR 4 PERSONEN

WEINSUPPE

½ l Fleisch- oder Gemüsebrühe
¼ l trockener badischer Weißwein (z. B. Riesling)
250 g süße Sahne
1 EL Speisestärke
6 Eigelb
Salz, frisch gemahlener schwarzer Pfeffer

KRACHERLE

4 Scheiben Kastenweißbrot
30 g weiche Butter
2 Knoblauchzehen
Salz, frisch gemahlener schwarzer Pfeffer
fein geschnittener frischer Schnittlauch zum Garnieren

Für die Suppe die Brühe und den Wein mit ¼ Liter Wasser und der Hälfte der Sahne in einen großen Topf geben und unter gelegentlichem Rühren aufkochen. Dann die in etwas kaltem Wasser glatt gerührte Speisestärke in die Suppe rühren. Anschließend nochmals aufkochen. Sollte die Suppe zu dünnflüssig sein, einige Minuten einkochen lassen, bis die gewünschte Konsistenz erreicht ist.

Dann wird das Eigelb mit der restlichen Sahne verrührt. Im Anschluss erst etwas Suppe in die Eigelbmischung rühren, dann die Suppe damit legieren. Nicht mehr kochen, da sonst das Eigelb ausflockt. Mit Salz und Pfeffer abschmecken.

Zubereitung der Kracherle: Von den Brotscheiben wird zunächst der Rand abgeschnitten. Dann zerkleinert man die Brotscheiben in kleine Würfel und brät sie in einer Pfanne mit Butter an. Zwischendurch werden sie mit Salz, Pfeffer und dem durchgepressten Knoblauch gewürzt, dann von allen Seiten so lange gebraten, bis sie eine goldgelbe Farbe angenommen haben.

Suppe in Teller oder Suppentassen füllen und die Kracherle portionsweise auf der Suppe verteilen. Schnittlauch in feine Röllchen schneiden und über die Suppe geben.

BAULÄNDER GRÜNKERNSUPPE

FÜR 4–6 PERSONEN

ZUTATEN

4 Schalotten
100 g Staudensellerie
50 g Butter
100 g geschroteter Grünkern
1 ½ l Fleisch- oder Gemüsebrühe
geriebene Muskatnuss
Salz, frisch gemahlener schwarzer Pfeffer
1 Eigelb
125 g Crème fraîche
1 mittelgroße Zwiebel
frischer Schnittlauch

Zunächst werden die Schalotten fein gewürfelt. Dann putzt man den Staudensellerie und schneidet ihn quer in dünne Scheiben.

Nun lässt man die Butter in einem Topf aufschäumen und röstet den Grünkernschrot unter Rühren darin an. Dann gibt man die fein gewürfelten Schalotten und die Selleriescheiben dazu. Das Ganze rund 3 Minuten andünsten. Dann mit der Brühe auffüllen und zu einer glatten Suppe gut durchrühren. Anschließend bei geringer Hitze etwa 20 Minuten köcheln lassen. Mit Muskat, Pfeffer und Salz abschmecken.

Das Eigelb und die Crème fraîche mischen und unter die Suppe rühren. Die Suppe sollte zu diesem Zeitpunkt nicht mehr kochen und auch anschließend nicht mehr aufgekocht werden, da sonst das Ei gerinnt. Nun schält man die Zwiebel, schneidet sie in feine Würfelchen und brät sie in Fett braun an. Dann gibt man sie auf die in Tellern angerichtete Suppe, die vor dem Servieren mit Schnittlauch verfeinert wird.

Alternativ können Markklößchen, Brotcroutons oder gebratene Speckwürfel der Suppe beigegeben werden.

PETERSILIENWURZELSUPPE MIT GERÖSTETEN KÜRBISKERNEN

FÜR 4 PERSONEN

SUPPE

1 Zwiebel
200 g mehlig kochende Kartoffeln
500 g Petersilienwurzel
2 EL Pflanzenöl
etwas Weißwein oder Brühe
750 ml Fleisch- oder Gemüsebrühe
1 Lorbeerblatt
1 TL klein gehackter frischer Thymian
200 ml süße Sahne
Salz und frisch gemahlener schwarzer Pfeffer
geriebene Muskatnuss

ZUM SERVIEREN

4 EL Kürbiskerne
Salz
etwas Sonnenblumenöl
2–3 EL Kürbiskernöl

Die Zwiebel abziehen und fein würfeln. Kartoffeln und Petersilienwurzeln schälen und grob würfeln.

In einem Topf 1 EL Öl erhitzen und die Zwiebeln darin glasig anschwitzen. Die Kartoffeln und Petersilienwurzeln dazugeben und kurz anbraten. Mit Weißwein ablöschen und kurz einkochen lassen. Die Gemüsebrühe und das Lorbeerblatt hinzugeben, aufkochen und abgedeckt bei kleiner Hitze etwa 15 bis 20 Minuten kochen lassen.

Danach Lorbeer entfernen, Thymian und Sahne hinzugeben und die Suppe fein pürieren und mit den Gewürzen abschmecken. Die Kürbiskerne mit ein wenig Salz und Öl in einer Pfanne anrösten. Die heiße Suppe mit den Kernen bestreuen und etwas Kürbiskernöl darüberträufeln.

BADISCHES SCHÄUFELE

FÜR 4–6 PERSONEN

SCHÄUFELE

1 Zwiebel
2 Nelken
etwas frischer Thymian
1 Lorbeerblatt
6 Wacholderkörner
6 Pfefferkörner
½ l trockener Weißwein oder Weißherbst
1 kg gepökelte und leicht angerauchte Schweineschulter

BRÄGELE

6–8 mittelgroße festkochende Kartoffeln
Butterschmalz
Salz

SAUERKRAUT

750 g vorgegartes Sauerkraut
4 Wacholderbeeren
1 Lorbeerblatt
125 ml Weißwein
frisch gemahlener schwarzer Pfeffer, Salz

Für das Schäufele wird zunächst die Zwiebel geschält und mit den beiden Nelken gespickt. Dann füllt man ein Gewürzsäckchen mit etwas Thymian, dem Lorbeerblatt und den Wacholder- und Pfefferkörnern.

In einem großen Topf 1 Liter Wasser erhitzen. Anschließend den Wein zugießen und einmal aufkochen. Dann gibt man Fleisch, Zwiebel und Gewürzsäckchen hinzu und lässt alles etwa 60 bis 90 Minuten zugedeckt garen. Dabei sollte das Schäufele zu diesem Zeitpunkt keinesfalls mehr gekocht werden.

Für die Brägele die rohen Kartoffeln schälen und anschließend gründlich waschen. Dann in etwa 2–3 cm dicke Scheiben schneiden und in einer Pfanne mit Butterschmalz auf beiden Seiten knusprig braten. Während des Bratvorgangs salzen, wobei der Pfannenboden immer nur mit einer Lage Kartoffeln belegt wird. Fertige Brägele im Ofen warm halten.

Anschließend alle Zutaten für das Sauerkraut in einem Topf erwärmen, bis das Kraut weich ist. Mit Salz und Pfeffer abschmecken. Die Wacholderbeeren und das Lorbeerblatt entfernen.

SPARGEL MIT KRATZETE

FÜR 4–6 PERSONEN

KRATZETE

3 Eier
180 g Weizenmehl
300 ml Milch
Salz, frisch gemahlener schwarzer Pfeffer
geriebene Muskatnuss

SPARGEL MIT SCHINKEN

2 kg frischer weißer Spargel
150 g gekochter Schinken
150 g geräuchter Schinken
Schnittlauch

Zubereitung der Kratzete: Alle Zutaten für die Kratzete sollten Zimmertemperatur haben. Zunächst nimmt man ein Ei und trennt das Eigelb vom Eiweiß. Dann wird das Eiweiß steif geschlagen. Anschließend die restlichen beiden Eier und das Eigelb sowie das Mehl, die Milch und die Gewürze zu einem glatten Teig verrühren. Zum Schluss wird der steif geschlagene Eischnee untergerührt.

Nun brät man den Teig nach und nach mit Butterschmalz in einer Pfanne auf beiden Seiten an, bis die Flädle schön goldgelb sind. Daraufhin reißt man sie mit Hilfe zweier Holzlöffel in kleine Stücke und stellt sie bis zum Servieren im Ofen warm. Den Vorgang so lange wiederholen, bis der restliche Teig verarbeitet ist.

In der Zwischenzeit wird der Spargel geschält und gewaschen, wobei die holzigen Endstücke entfernt werden sollten. Dann lässt man den Spargel in einem großen Topf in leicht gesalzenem Wasser kurz garen (je nach Gusto entweder bissfest oder weich).

Den gegarten Spargel mit beiderlei Schinken und der Kratzete anrichten. Mit fein geschnittenem Schnittlauch bestreuen. Nach Belieben kann man den Spargel auch mit zwei gehackten hart gekochten Eiern dekorieren.

SAUERBRATEN

FÜR 4 PERSONEN

ZUTATEN

1 kg Ochsenbraten vom Hinterwälder Rind

MARINADE

1 Karotte
1 Stange Lauch
1 kleine Sellerieknolle
1 Zwiebel
Petersilie
2–3 Nelken
1 Lorbeerblatt
2–3 Wacholderbeeren
¼ l Weinessig
Pfefferkörner
Salz

SAUCE

1 Zwiebel
1 Scheibe Schwarzbrot
Salz, frisch gemahlener schwarzer Pfeffer
1 Becher saure Sahne
1 Schuss Rotwein

KARTOFFELPÜREE

4 große Kartoffeln
1 EL Butter
50–100 ml süße Sahne
100 g frischer Rucola
Salz

Für die Marinade Gemüse waschen und schneiden. Den Weinessig mit ¾ Liter Wasser aufkochen. Gemüse und Gewürze hinzugeben, nochmals kurz aufkochen und abkühlen lassen. Fleisch in die kalte Marinade legen und 2 bis 3 Tage im Kühlschrank ziehen lassen, immer wieder umdrehen.

Für die Zubereitung des Bratens das Fleisch aus der Marinade nehmen und trocken tupfen. Gemüse und Beize abseihen und beiseitestellen. Das Fleisch von allen Seiten kräftig anbräunen. Aus dem Bräter nehmen. Zwiebel und Schwarzbrot klein schneiden und ebenfalls kräftig anbraten. Fleisch und Gemüse hinzugeben und mit einem Teil der Marinade und etwas Wasser ablöschen. Zugedeckt mindestens 1 Stunde schmoren lassen. 15 Minuten vor dem Servieren den Deckel abnehmen, das Fleisch entnehmen und im Ofen warm halten. Die Sauce etwas einkochen, dann durchseihen. Salz, Pfeffer, saure Sahne und einen Schuss Rotwein zugeben.

Für den Kartoffelbrei die Kartoffeln schälen, schneiden und in Salzwasser weich kochen. Vom Herd nehmen, Wasser abgießen, Butter und Sahne hinzugeben und zerstampfen. Rucola gewaschen und geschnitten unterrühren und salzen.

FILETS VOM BODENSEEFELCHEN

FÜR 4 PERSONEN

FILETS IN RIESLINGSAUCE

2 Schalotten
40 g Butter
1 EL Weizenmehl (Type 405)
¼ l Gemüsebrühe
400 ml Riesling
80 ml süße Sahne
frischer Kerbel
frischer Dill
1 Prise Zucker
frisch gemahlener schwarzer Pfeffer, Salz
1 EL Olivenöl
8 Filets vom Bodenseefelchen

DILL-KARTOFFELN

500 g kleine festkochende Kartoffeln
frischer Dill
Salz
Butterschmalz

Für die Rieslingsauce werden die Schalotten geschält und fein gewürfelt. Dann brät man sie mit der Butter in einem Topf an, bis sie glasig sind. Anschließend werden sie mit Mehl bestäubt und sanft angebräunt. Mit einem Teil der warmen Gemüsebrühe ablöschen und glatt rühren, in der Folge die restliche Brühe nach und nach zugeben. Dann fügt man den Riesling hinzu und lässt ihn kurz aufkochen. Sahne beifügen und nochmals kurz aufkochen lassen. Anschließend die Temperatur langsam etwas reduzieren. Kräuter waschen, klein hacken und in die Sauce geben. Vor dem Servieren mit Zucker, Salz und Pfeffer abschmecken.

Dann die Fischfilets waschen und trocken tupfen. Dabei die eventuell noch vorhandenen Gräten entfernen. Mit Salz und Pfeffer würzen. Nachdem man die Bodenseefelchenfilets in einer Pfanne mit dem Öl kurz gut angebraten hat, lässt man sie in der Sauce fertig garen.

Die Kartoffeln im Schnellkochtopf garen, anschließend schälen und in eine Pfanne geben, salzen, mit fein gehacktem Dill bestreuen und mit Butterschmalz goldgelb anbraten.

BADISCHE KÄSSPATZEN

FÜR 4–6 PERSONEN

ZUTATEN

500 g Mehl
4 Eier
etwas Wasser oder Milch
Salz
300 g frisch geriebener Allgäuer Emmentaler und/oder Allgäuer Bergkäse
Salz und frisch gemahlener schwarzer Pfeffer
2 Zwiebeln
2 EL Butter

Für die Spatzen fertigt man aus dem Mehl, den Eiern und dem Wasser bzw. der Milch einen festen, glatten Teig, gibt etwas Salz hinzu und schlägt ihn so lange, bis er Blasen wirft. Auf das nasse Spätzlebrett einen Teil des Teiges streichen und mit dem speziellen Schaber oder einem breiten Messer schmale Streifen in das kochende Salzwasser schaben. Alternativ kann man auch eine Spätzlepresse benutzen. Einmal schaumig aufkochen lassen, dann mit einem Schaumlöffel herausnehmen, in einem Sieb kurz mit kaltem Wasser abspülen und die erste Schicht Spätzle in eine vorgewärmte Auflaufform geben. Etwas geriebenen Käse darüberstreuen, dann die nächste Portion Spätzle zubereiten und wiederum mit einer Portion Käse bestreuen.

Der Vorgang wird so lange wiederholt, bis der Spätzleteig verarbeitet ist. Zum Schluss wird der restliche Käse auf die letzte Schicht Spätzle gegeben und das Ganze anschließend mit zwei Gabeln vermischt, mit Pfeffer und Salz abgeschmeckt und dann im Ofen warm gehalten, solange man die Zwiebeln vorbereitet.

Danach werden die Zwiebeln geschält und in feine Ringe geschnitten. Die Butter in einer Pfanne zerlassen und darin die Zwiebelringe gut anschwitzen.

Vor dem Servieren über die Kässpatzen geben.

SCHUPFNUDELN MIT SAUERKRAUT

FÜR 4–6 PERSONEN

SCHUPFNUDELN

500 g mehligkochende Kartoffeln
125 g Mehl
1 Ei
Salz, geriebene Muskatnuss
Butterschmalz

SAUERKRAUT

750 g vorgegartes Sauerkraut
4 Wacholderbeeren
1 Lorbeerblatt
125 ml Weißwein
frisch gemahlener schwarzer Pfeffer, Salz

Zur Vorbereitung der Schupfnudeln werden die Kartoffeln bereits am Vortag mit der Schale gekocht.

Am Tag der Zubereitung werden die Kartoffeln geschält. Dann drückt man sie durch eine Presse. Mehl, Ei, Salz und Muskat hinzugeben und das Ganze zu einem festen Teig kneten. Dann formt man auf einer bemehlten Unterlage aus dem Teig fingerdicke und fingerlange, spitz zulaufende Würstchen. Diese gibt man in einen Topf mit etwa 2 Liter kochendem Salzwasser und lässt sie so lange sieden, bis sie an der Oberfläche schwimmen. Dann nimmt man die Schupfnudeln mit einem Schaumlöffel heraus und lässt sie gut abtropfen. Anschließend werden sie in einer Pfanne mit Butterschmalz angebraten, bis sie rundum schön goldgelb sind.

Das vorgegarte Sauerkraut wird mit den Wacholderbeeren, dem Lorbeerblatt und dem Weißwein in einem Topf erwärmt, bis es weich ist. Wacholderbeeren und Lorbeerblatt entfernen. Mit Salz und Pfeffer abschmecken.

Die Schupfnudeln zusammen mit dem Kraut servieren.

Alternativ kann man das Sauerkraut auch mit etwas Butterschmalz in einer Pfanne anbraten. Die Schupfnudeln hinzugeben, das Ganze miteinander vermengen und servieren.

GEBACKENE SCHWARZWALDFORELLE

FÜR 4 PERSONEN

ZUTATEN

1 Bund Thymian
1 Bund Rosmarin
1 gebeizte Lachsforelle
4 Forellen
etwas Weizenmehl (Type 405)
2 Eier
5–6 EL Paniermehl
Butter oder Butterschmalz

Zunächst werden der Thymian und der Rosmarin gründlich gewaschen, fein geschnitten und in vier Portionen für die vier Forellen aufgeteilt. Dann wird das gebeizte Lachsforellenfilet etwas zerkleinert.

Anschließend breitet man die vier Forellen aus und belegt den Bauchraum jeder Forelle mit jeweils einer Portion Thymian und Rosmarin sowie einem Viertel des leicht zerkleinerten gebeizten Lachsforellenfilets. Dann klappt man die vier Forellen zu und drückt sie gut zusammen.

Sodann wendet man die gefüllten Forellen in dem Mehl und klopft dann das überschüssige Mehl vorsichtig ab.

Im Anschluss verquirlt man die beiden Eier und zieht dann die gefüllten Forellen durch die Eiermasse. Anschließend werden sie im Paniermehl locker gewendet, wobei sie nicht zu fest angedrückt werden sollten.

Zuletzt erhitzt man die Butter beziehungsweise das Butterschmalz in einer Pfanne, gibt die vier gefüllten Forellen in die Pfanne und brät sie von beiden Seiten goldbraun an.

Auf vier vorgewärmten Tellern anrichten und mit grünem Salat, gedünstetem Gemüse der Saison oder Rosmarinkartoffeln servieren.

BADISCHE DINNELE

FÜR 4–6 PERSONEN

HEFETEIG

20 g Hefe
¼ l lauwarme Milch
1 Prise Zucker
500 g Weizenmehl (Type 405)
1 TL Salz

BELAG

300 g Sauerrahm oder Schmand
1 Ei
Salz, frisch gemahlener schwarzer Pfeffer
100 g milder geriebener Käse
2 kleine fein gehackte Zwiebeln
150 g gewürfelter Bauchspeck
Schnittlauch

Für den Teig die Hefe mit etwas Milch und dem Zucker glattrühren. Zusammen mit den restlichen Zutaten zu einem glatten Teig verarbeiten, bis er Blasen wirft und sich leicht von der Schüssel löst. Mit einem Tuch abdecken und an einem warmen Ort bis zur doppelten Höhe aufgehen lassen.

In der Zwischenzeit den Ofen auf 200 °C (Ober-/Unterhitze) vorheizen.

Den gegangenen Hefeteig auf einer bemehlten Unterlage in kleine Portionen aufteilen und zu runden oder ovalen, etwa einen halben Zentimeter dicken Fladen auswellen. Diese auf ein mit Backpapier ausgelegtes oder gefettetes Backblech setzen.

Für den Belag Sauerrahm oder Schmand mit Ei, Salz und Pfeffer glattrühren. Die Masse dann gleichmäßig auf den Fladen verteilen und nach Belieben mit Käse, gehackten Zwiebeln und gewürfeltem Bauchspeck belegen.

Die Dinnele etwa 20 Minuten bei 200 °C backen, bis der Teigrand hellbraun ist. Den fein geschnittenen Schnittlauch darüberstreuen und sofort heiß servieren.

OFENSCHLUPFER

FÜR 4 PERSONEN

ZUTATEN

2 Äpfel
6 altbackene Weckle oder
½ altbackener Hefezopf
50 g Zucker
50 g Rosinen
50 g gehackte Mandeln
2 Eier
½ Liter Milch

Die Äpfel waschen und schälen. Das Kernhaus entfernen und die Äpfel in Scheiben schneiden. Die Weckle respektive den Hefezopf ebenfalls in Scheiben schneiden.

Sodann eine feuerfeste Auflaufform einfetten. In diese legt man abwechselnd eine Schicht von den Wecken bzw. dem Hefezopf und den Apfelscheiben. Dabei sollte eine Lage Brötchen den Abschluss bilden.

Darüber gibt man den Zucker, die Rosinen und die gehackten Mandeln.

Anschließend werden die Eier und die Milch verrührt. Dann gießt man die Eiermilch über die Apfel-Brötchen-Schichten in die Auflaufform und lässt das Ganze im vorgeheizten Backofen bei 180 °C (Ober-/Unterhitze) etwa 45 Minuten backen.

Je nach Belieben mit Kompott, Vanille- oder Chaudeau-Sauce warm servieren.

FASNETSKIECHLE

FÜR 4–6 PERSONEN

ZUTATEN

1 unbehandelte Zitrone
200 ml Milch
42 g Hefe
30 g Zucker
500 g Weizenmehl (Type 405)
1 Prise Salz
30 g weiche Butter
1 Ei
3 EL Honig
2 EL Rum
1 Päckchen Vanillezucker
Butterschmalz oder Öl zum Ausbacken
Zucker oder Puderzucker zum Bestäuben

Zitronenschale fein abreiben und die Zitrone auspressen.

Die Milch leicht erwärmen. 4 Esslöffel davon in eine kleine Schüssel geben, die Hefe hineinbröckeln und mit 1 Teelöffel Zucker mit einer Gabel einen Vorteig anrühren. Dann kurz gehen lassen.

Das Mehl in eine Schüssel geben, in der Mitte eine Mulde formen und den Vorteig hineingießen. Das Salz, den restlichen Zucker, die Butter, das Ei, Honig, den Zitronensaft und die fein abgeriebene Schale der Zitrone sowie den Rum und den Vanillezucker zugeben und daraus einen geschmeidigen Teig kneten. An einem warmen Ort zugedeckt etwa 30 Minuten gehen lassen.

Den Teig auf einer bemehlten Arbeitsfläche nochmals durchkneten und circa 3 Millimeter dick ausrollen. Die Teigplatte in Rechtecke von ungefähr 8 Zentimeter Kantenlänge teilen.

Alternativ kann man auch kleine Teigkugeln formen und diese so auseinanderziehen, dass sie in der Mitte am dünnsten sind, da sie sonst in der Mitte stark aufgehen und innen hohl bleiben.

In einem Topf das Butterschmalz oder Öl erhitzen und darin die Kiechle nacheinander von beiden Seiten hellbraun ausbacken. Herausheben und auf Küchenpapier abtropfen lassen. Mit Zucker bestäuben und warm servieren.

BADISCHE HOLUNDERBLÜTENKÜCHLE

FÜR 2–4 PERSONEN

ZUTATEN

1 unbehandelte Zitrone
2 Eier
10 Holunderblütendolden mit Stiel
250 g Mehl
15 g Zucker
1 Prise Salz
¼ l Weißwein oder Most
20 ml Öl
Öl oder Fett zum Frittieren
Zucker oder Puderzucker und nach Belieben Zimt zum Bestreuen
einige grüne Holunderblätter zur Dekoration

Zunächst wird die Schale von der unbehandelten Zitrone abgerieben. Dann trennt man das Eigelb und das Eiweiß der beiden Eier und schlägt das so gewonnene Eiweiß steif.

Die Holunderblütendolden am Stiel lassen, gründlich waschen und auf etwas Küchenkrepp oder einem Küchentuch abtropfen lassen.

Anschließend wird das Mehl mit dem Zucker, dem Salz und dem Weißwein beziehungsweise dem Most vermengt. Dann fügt man nacheinander das Eigelb, das Öl und die abgeriebene Zitronenschale hinzu und verrührt alles zu einem glatten festen Teig. Zuletzt das steif geschlagene Eiweiß unterheben.

Dann werden die Holunderblütendolden einzeln durch den Teig gezogen und mit den Stängeln nach oben nacheinander im heißen Öl oder Fett goldgelb ausgebacken.

Zum Entfetten kurz auf Küchenkrepp legen. Anschließend zum Servieren auf einer Platte anrichten und mit (Puder-)Zucker und/oder Zimt bestreuen, mit den grünen Holunderblättern dekorieren und nach Möglichkeit warm verzehren.

Eigentlich benötigt man zu Holunderblütenküchle keine Beilagen. Man kann dazu aber je nach Belieben Apfelmus, frische Früchte oder Kompott reichen.

SCHWARZWÄLDER KIRSCHCREME

FÜR 4 PERSONEN

ZUTATEN

2 schwach gehäufte TL gemahlene Gelatine, weiß
1 l Milch
2 Päckchen Vanille-Puddingpulver
150 g Zucker
10 EL kalte Milch
3 EL Kirschwasser
¼ l Sahne
1 Päckchen Vanillezucker
375 g entsteinte Sauerkirschen aus dem Glas
geraspelte Schokolade

Zunächst rührt man die Gelatine mit 4 EL kaltem Wasser in einem kleinen Topf an. Dann lässt man das Gemisch 10 Minuten zum Quellen stehen. Zwischenzeitlich bringt man einen Liter Milch zum Kochen.

Puddingpulver und Zucker mischen, mit 10 Esslöffeln kalter Milch anrühren und dann unter Rühren in die von der Kochstelle genommene warme Milch geben. Das Ganze kurz aufkochen lassen.

Dann die gequollene Gelatine dazugeben und so lange rühren, bis sie sich aufgelöst hat. Den Pudding kalt stellen und ab und zu durchrühren. Das Kirschwasser unter den erkalteten, aber noch nicht fest gewordenen Pudding rühren.

Die Sahne mit Vanillezucker verrühren, steif schlagen und den Großteil davon unter den Pudding heben, dabei aber etwas Sahne zum Verzieren zurückbehalten. Die Sauerkirschen gut abtropfen lassen (einige zum Garnieren zurücklassen), mit der Sahnecreme abwechselnd in Dessertschalen schichten. Die oberste Schicht muss aus Sahnecreme bestehen. Die Schwarzwälder Kirschcreme mit der restlichen Sahne verzieren, mit Kirschen und Schokolade garnieren.

STRIEBELE MIT OBST

FÜR 4 PERSONEN

ZUTATEN

300 g gesiebtes Weizenmehl (Type 405)
3 Eier
250 ml Milch
1 EL Vanillezucker
Pflanzenöl zum Frittieren
Puderzucker
400 g frische Beeren oder frisches Obst der Saison

Mehl, Eier, Milch und Vanillezucker zu einem Teig verarbeiten. Öl in einen hohen Topf füllen und erhitzen. Das Öl hat die richtige Temperatur erreicht, wenn vom Holzstiel eines Kochlöffels beim Eintauchen kleine Blasen aufsteigen.

Den Teig in eine Spritztülle einfüllen. Alternativ geht auch ein Gefrierbeutel, an dem eine kleine Ecke abgeschnitten wurde.

Mit kreisenden Bewegungen einen Teil des Teigs in einem Stück in das heiße Fett fließen lassen, sodass der Teig in Schnüren aufeinander geschichtet wird und wie ein Vogelnest aussieht.

Von beiden Seiten goldbraun frittieren, vorsichtig aus dem Öl nehmen, auf Küchenpapier abtropfen lassen und warm stellen. Den restlichen Teig analog verarbeiten.

Die fertigen Striebele mit Puderzucker bestreuen und mit Obst oder Beeren servieren.

REZEPTREGISTER

Schwäbische Küche 14

Badische Küche 52

IMPRESSUM

Sollte dieses Werk Links auf Webseiten Dritter enthalten, so machen wir uns die Inhalte nicht zu eigen und übernehmen für die Inhalte keine Haftung.
In diesem Buch wird aus Gründen der besseren Lesbarkeit das generische Maskulinum verwendet. Weibliche und anderweitige Geschlechteridentitäten werden dabei ausdrücklich mitgemeint, soweit es für die Aussage erforderlich ist.

1. Auflage 2022

Umschlaggestaltung: Björn Locke, Nürtingen.
Coverfoto: © Bernd Juergens, Shutterstock.

BILDNACHWEIS
Alle Fotos im Innenteil stammen von Katharina Hild.
Layout und Satz: Silke Schüler, München.
Lektorat: Gertrud Menczel, Böblingen.
Printed in Slovenia by Florjancic.

ISBN 978-3-8425-2380-7

Besuchen Sie uns im Internet und entdecken Sie die Vielfalt unseres Verlagsprogramms:
www.silberburg.de

Ihre Meinung ist uns wichtig ... für unsere Verlagsarbeit. Wir freuen uns auf Kritik und Anregungen unter:
meinung@silberburg.de